Manuel Wieland

Wie lässt ein Autor einen Held entstehen?

Eine Untersuchung am Beispiel der Hauptfigur aus Jostein Gaarders "Das Orangenmädchen"

GRIN Verlag

Bibliografische Information der Deutschen Nationalbibliothek:

Die Deutsche Bibliothek verzeichnet diese Publikation in der Deutschen National-
bibliografie; detaillierte bibliografische Daten sind im Internet über http://dnb.d-
nb.de/ abrufbar.

Impressum:

Copyright © 2012 GRIN Verlag GmbH
Druck und Bindung: Books on Demand GmbH, Norderstedt Germany
ISBN: 978-3-656-37679-8

GRIN - Your knowledge has value

Der GRIN Verlag publiziert seit 1998 wissenschaftliche Arbeiten von Studenten, Hochschullehrern und anderen Akademikern als eBook und gedrucktes Buch. Die Verlagswebsite www.grin.com ist die ideale Plattform zur Veröffentlichung von Hausarbeiten, Abschlussarbeiten, wissenschaftlichen Aufsätzen, Dissertationen und Fachbüchern.

Besuchen Sie uns im Internet:

http://www.grin.com/

http://www.facebook.com/grincom

http://www.twitter.com/grin_com

Seminarkurs

„Das Orangenmädchen"

Seminararbeit

<u>Wie lässt der Autor einen Held entstehen?</u>

Angefertigt von Manuel Wieland

Klasse: J1

Schuljahr: 2011/12

Scheffold Gymnasium

Inhaltsverzeichnis

Einleitung

„Das ist ein wahrer Held!" Dies ist ein Satz, den man oft nach einem guten Film oder Buch von sich gibt. Offensichtlich gibt es Stilmittel, die ein Autor benutzt, um uns von einem Charakter zu faszinieren und ihn aus der Sicht der Seher bzw. Leser zum Helden zu machen. Der Autor muss also einige Dinge beachten oder nach bestimmten Schritten vorgehen, damit man in einem Charakter einen Helden sieht. Doch was ist eigentlich ein Held und welche Eigenschaften hat er? Müssen wir uns in einen Helden hineinversetzen können? Mit diesen und weiteren Fragen beschäftigt sich diese Seminararbeit.

Anhand des Buches „Das Orangenmädchen" wird eine Heldenreise untersucht und erörtert, warum sich die Figur Jan-Olaf auch als eine Art Held versteht, obwohl sie niemandem das Leben rettet, oder einfach nicht in unsere Definition des Helden passt. Es wird außerdem auf den Grund gegangen, was Empathie ist und ob Empathie für die archetypische Vorstellung eines Helden wichtig ist. Das erste Kapitel befasst sich mit dem Inhalt des „Orangenmädchens". Im Kapitel Heldenreise wird die Figur des Jan-Olafs beleuchtet.

Handlung von „Das Orangenmädchen"

In dem 2003 erschienen Roman "Das Orangenmädchen" von Jostein Gaarder dreht sich alles um den verstorbenen Vater Jan-Olaf, der seinem 15jährigen Sohn Georg einen Brief als "Erbe" hinterlässt. Die Geschichte beginnt, als sich an Weihnachten die Familie versammelt: Oma, Opa, Georgs Mutter, ihr neuer Mann (Georgs Stiefvater) und seine kleine Schwester. Georgs Großmutter teilt ihm mit, dass sie einen Brief für ihn gefunden hat. Georg kann es kaum glauben, schließt sich in seinem Zimmer ein und liest an einem Abend die ganze Geschichte seines Vaters. Sein Vater Jan-Olaf beschreibt detailliert wie er Georgs Mutter, Veronika, kennen gelernt hat. Anfang der 1970er Jahre, als Jan-Olaf 19 Jahre alt ist, trifft er im Zug seine Traumfrau. Er nennt sie „Orangenmädchen", weil sie eine Tüte voller Orangen bei sich hat. In der Bahn geschieht Jan-Olaf ein Missgeschick. Er schmeißt die Tüte voller Orangen um und der Inhalt wird auf dem ganzen Boden verteilt. Peinlich berührt wendet er sich von ihr ab, sie geht ihm aber nicht mehr aus dem Kopf. Deswegen macht er sich auf die Suche nach dem Orangenmädchen. Mit Erfolg: Er trifft sie ein weiteres Mal und es entsteht eine romantische Situation, in der sich beide stillschweigend in die Augen schauen und sich die Hände halten. Sie verschwindet jedoch wieder und Jan-Olaf macht sich ein weiteres Mal auf die Suche nach ihr. Er trifft sie während eines Weihnachtsgottesdienstes wieder. Als sie gehen will gesteht Jan-Olaf ihr seine Liebe. Sie geben sich das Versprechen, dass, wenn er 6 Monate durchhält, ohne nach ihr zu suchen, sie zusammenkommen werde. Eines macht ihn jedoch stutzig: Sie kennt seinen Namen, obwohl er ihn noch nicht verraten hat. Nach einer Weile bekommt er einen Brief von Veronika aus Spanien, woraufhin Jan-Olaf sich auf den Weg macht, nach ihr zu suchen. Er trifft sie tatsächlich in Spanien. Im Gespräch kommt heraus, dass sie sich schon im frühen Kindesalter kannten und sie, bis sie 7 Jahre alt waren, in die gleiche Klasse gingen. Er hatte sie jedoch nicht wiedererkannt. In einem Café küssen sie sich und die beiden verbringen eine Nacht zusammen. Auf dem Weg zum Flughafenbus finden sie auf der Straße eine tote Taube, welche die beiden als schlechtes Omen ansehen. Als Veronika zurück in Norwegen ist, sind die beiden nun zusammen. Da Jan-Olafs Zimmergenosse ausgezogen ist, zieht Veronika in seine Studentenwohnung mit ein. Nach 4 Jahren kaufen sie sich ein großes Haus, da sie beide feste Jobs haben. Eineinhalb Jahre später wird Georg geboren. In der Osterzeit geht es Jan-Olaf schlecht und er erfährt, dass er eine schwere Krankheit hat und nicht mehr lange zu leben hat. Der Brief endet, als Georg und sein Vater vor dem Computer sitzen und Jan-Olaf seinen Brief für Georg verfasst.

Nachdem Georg den Brief gelesen hat, setzt er sich an den alten PC seines Vaters und beantwortet die Fragen, die er ihm in seinem Brief gestellt hatte. Georg kommt zu dem Entschluss, dass er das Leben lebenswert findet, was seinem Vater sehr wichtig war.

Definition eines Helden

Ein Held (alt Hochdeutsch Helido) wird durch das in der Mitte des 18. Jahrhunderts erschiene Zedler Lexikon, als „einer, der von Natur mit einer ansehnlichen Gestalt und ausnehmender Leibesstärcke begabet, durch tapfere Thaten Ruhm erlanget, und sich über den gemeinen Stand derer Menschen erhoben"[1], definiert.

Eine aktuellere Definition lautet „Eine Person wird in der Regel dann zum Helden wenn sie eine außerordentliche und rühmenswerte Tat vollbringt. Zu solchen Taten zählen das Töten von Ungeheuern und die Rettung von Menschenleben". Ein Held entspricht normalerweise der Definition dessen was in der jeweiligen Kultur als gut und edel gilt. Jedoch begeht der Held in der Literatur besonders in der Tragödie auch ernste Fehler die zu seinem Fall führen.[2]

Man bemerkt, dass das heutige und damalige Verständnis immer noch fast identisch ist, und sich kaum verändert hat.

Unterschied Superheld – Held

Laut Wikipedia (stand: 24.05.2012) ist ein Superheld eine fiktive Figur, die meist übermenschliche Fähigkeiten oder High-Tech-Waffen besitzt, mit denen sie die Menschheit beschützt und Böses bekämpft. Superhelden haben typischerweise großen Mut und einen edlen Charakter. Sie halten nicht selten ihre wahre Identität geheim, indem sie sich kostümieren und sich ein Pseudonym zulegen. In den Geschichten sind ihre Gegenspieler Monster oder Bösewichte, sie wehren aber auch Naturkatastrophen ab[3].

Im Gegensatz zu Superhelden, gibt es auch nicht fiktionale Helden in der Geschichte (zum Beispiel David aus der Bibel, der Goliath zwar klar unterlegen ist, ihn jedoch mit Geschick bezwingt). Superhelden haben

---

[1] Zedler-Lexikon, S. 630 von Johann Zedler
[2] http://www.uni-protokolle.de/Lexikon/Held.html, Martin Bauer (14. 05. 2012)
[3] http://de.wikipedia.org/wiki/Superheld (25.05.2012)

immer einen Gegner gegen den sie sich wehren müssen, oder sie müssen eine Katastrophe verhindern. In dem Film „Titanic" von James Cameron, ist zweifellos „Jack Dawson" (gespielt von Leonardo Dicaprio) der Held. Er wird als Held anerkannt, weil sich opfert, um seine Geliebte zu retten. Also muss ein Held, im Gegensatz zu Superhelden, nicht immer einen Gegner besitzen.

Eigenschaften von Helden

In den meisten Filmen oder Romanen, in denen ein Held auftaucht, sind folgende spezifische Eigenschaften auf sie zutreffend: Mut, Klugheit, Intuition, Charisma, Gewandtheit oder Körperkraft.

Mut bezeichnet das Vermögen in bedenklichen Momenten entschieden und prompt zu reagieren, also keine Angst vor Risiken bzw. dem Neuen haben → Wagemutig sein.

Unter Klugheit versteht man die Intelligenz und das Denkvermögen, Probleme, bzw. Situationen zu Analysieren und hilfreiche Schlüsse daraus zu ziehen, oder das Erkennen von bestimmten Zusammenhängen.

Intuition: Intuition bezeichnet das Vermögen korrekte Entschlüsse zu zutreffen, ohne sich lange Gedanken darüber zu machen, oder das schnelle analysieren von verschiedenen Sachverhalten und Menschen, wenn die erforderlichen Daten nicht vorhanden sind. Auch die Fähigkeit sich in Personen einzufühlen, bezeichnet man als Intuition.

Charisma: Unter Charisma versteht man die Aura, die ein Held umgibt oder ausstrahlt, wie er seine Mitmenschen durch seine Rede Art in den Bann zieht. Oder die Fähigkeit, wie er in der Lage ist ein Team zu führen, Die Kompetenz seine Stimme, Gestik und Mimik vernünftig einzusetzen.

Körperkraft: Die Körperkraft zeigt die Muskelkraft des Helden auf, und die Fähigkeit in angebrachten Situationen sie einzusetzen.[4]

---

[4] Nach: http://www.chromatrix.com/html/eigenschaften.html, Dr. Stefan Blanck (26.05.2012)

Betrachtet man die gesamten Eigenschaften kommt man zum Schluss, dass ein Held vielerlei positiver Eigenschaften besitzen muss und nur wenige bis, keine Fehler besitzen sollte. Muss ein Held dann gleichzeitig ein Perfektionist sein? Ich denke nicht, da das Publikum dem Helden auch Fehler oder Charakterschwächen verzeihen kann, weil man dem Held in der Regel als Idol oder Vorbild ansieht und somit über die Schwächen hinweg sehen kann.

Archetypus „Held" nach Rüdiger Sünner

Unter einem Archetyp versteht man in der analytischen Psychologie im Unterbewusstsein des Menschen integrierte Urbilder, also bestimmte Vorstellungsmuster. Archetypen sind also ganz bestimmte Bilder, die jeder in sich trägt[5]. Man könnte sagen, sie sind so etwas wie Urmuster, die weltweit in allen Kulturen übereinstimmen. Bestes Beispiel → Farben: Rot versteht man als Farbe der Liebe oder Leidenschaft, während man schwarz gleich mit etwas düsterem verbindet zum Beispiel den Tod oder Trauer.

In dem Text "Drachen, Helden, Nachtmeerfahrten - Die Archetypenlehre von C.G. Jung" beschreibt Rüdiger Sünner die Theorie des Archetypus von Carl Gustav Jung, und kommt zu dem Entschluss, dass der Archetyp nicht schon fest im Gehirn verankert ist, sondern durch ein Zusammenspiel von Natur und Gehirn entstehen. Durch Spiegelneurone, welche zur Ausbildung der Fähigkeit für Empathie und Imitation beitragen, können wir von Emotionen angesteckt werden, die wir bei anderen beobachten, dadurch entsteht der Archetypus.

Das Erscheinungsbild des Archetypus Helden erklärt er anhand von einer Nachtmeerfahrt, eine sogenannte Reise in ein Ozean voller Abenteuer, wo der Held sich Gefahren stellen muss, und von der Welt „geprüft" werden, um am Ende unversehrt und mit neu angeeignetem Wissen nach Hause kehren zu können. Hier trifft er auf Drachen (Seine Gegenspieler) oder

---

[5] http://lexikon.stangl.eu/151/archetypen/, best:management e.U. (26.05.2012)

Mentoren (Personen, bei der sich der Held neues Wissen aneignet). Wir
können uns somit in gewisser Ebene mit einem Held vergleichen, der eine
Nachtmeerfahrt bestreitet. Es gibt Zeiten in denen wir eine schwere Zeit
oder gar eine Krise durchmachen (z.B. Verlust eines Menschen,
Liebeskummer). Nachdem wir diese Zeit überstanden haben, können wir
uns weiterentwickeln. Dadurch können wir die Nachtmeerfahrt des Helden,
mit unserer Eigenen Erfahrung verknüpfen, und erkennen, dass er etwas
Großartiges geleistet hat, und ihn dadurch als Held ansehen. [6]Die
Nachtmeerfahrt kann man auch, mit der Heldenreise vergleichen, welche
das nächste Kapitel erklärt.

Heldenreise

Unter der Heldenreise versteht man eine archetypische, bestimmte
Situationsabfolge des Helden in Filmen, Büchern oder Mythen. Das
Grundmuster wurde vom amerikanischen Professor Joseph Campbell
erforscht, und fand schnell in den Hollywoodstudios Anklang.

Die Reise läuft wie folgt ab (nach Campbell):

1. Ruf: Erfahrung eines Mangels oder plötzliches Erscheinen einer
   Aufgabe
2. Weigerung: Der Held zögert, dem Ruf zu folgen, beispielsweise, weil
   es gilt, Sicherheiten aufzugeben.
3. Aufbruch: Er überwindet sein Zögern und macht sich auf die Reise.
4. Auftreten von Problemen, die als Prüfungen interpretiert werden
   können
5. Übernatürliche Hilfe: Der Held trifft unerwartet auf einen oder
   mehrere Mentoren.
6. Die erste Schwelle: Schwere Prüfungen, Kampf mit dem Drachen
   etc., der sich als Kampf gegen die eigenen inneren Widerstände und
   Illusionen erweisen kann.

---

[6] http://www.ruedigersuenner.de/drachen.html, Rüdiger Sünner (27.05.2012)

7. Fortschreitende Probleme und Prüfungen, übernatürliche Hilfe.

8. Initiation und Transformation des Helden: Empfang oder Raub eines Elixiers oder Schatzes, der die Welt des Alltags, aus der der Held aufgebrochen ist, retten könnte. Dieser Schatz kann in einer inneren Erfahrung bestehen, die durch einen äußerlichen Gegenstand symbolisiert wird.

9. Verweigerung der Rückkehr: Der Held zögert in die Welt des Alltags zurückzukehren.

10. Verlassen der Unterwelt: Der Held wird durch innere Beweggründe oder äußeren Zwang zur Rückkehr bewegt, die sich in einem magischen Flug oder durch Flucht vor negativen Kräften vollzieht.

11. Rückkehr: Der Held überschreitet die Schwelle zur Alltagswelt, aus der er ursprünglich aufgebrochen war. Er trifft auf Unglauben oder Unverständnis, und muss das auf der Heldenreise Gefundene oder Errungene in das Alltagsleben integrieren. (Im Märchen: Das Gold, das plötzlich zur Asche wird)

12. Herr der zwei Welten: Der Heros vereint Alltagsleben mit seinem neugefundenen Wissen, und lässt somit die Gesellschaft an seiner Entdeckung teilhaben.[7]

Heldenreise „Das Orangenmädchen"

1. Ruf: Jan-Olaf trifft im Zug ein junges Mädchen welches er auf den ersten Blick ansprechend findet. Sie verschwindet jedoch aus dem Zug doch er weiß keinerlei Dinge von ihr, um sie kontaktieren zu können. Deshalb will er sich auf die Suche nach dem "Orangenmädchen" machen.

2. Weigerung: Er zögert, bzw. hält nicht mehr an dem Glauben fest, das Orangenmädchen zu "bekommen", da er sieht, wie sie mit einem anderen Mann in ein weißen Toyota einsteigt. Er ist davon überzeugt, dass sie bereits vergeben ist und er somit keinerlei Chancen bei ihr hat.

---

[7] Joseph Campbell; http://de.wikipedia.org/wiki/Heldenreise

3. Aufbruch: Er kommt jedoch nicht von ihr los, bzw. er hat sich so in sie verliebt, dass er sie Wiedersehen möchte. Im Gottesdienst trifft er auf sie und er gesteht ihr seine Liebe.

4. Auftreten von Problemen: Sie ist von ihm sichtlich nicht abgeneigt und sie möchte mit ihm zusammen sein, allerdings muss er 6 Monate auf sie warten. Sie verrät ihm den Grund für ihre 6 monatige Abwesenheit jedoch nicht.

5. Übernatürliche Hilfe: Nach 4 Monaten ohne Veronika, alias Orangenmädchen, erhält er von ihr unerwarteterweise eine Postkarte aus Spanien. Diese versteht er als ein Zeichen, dass er sie doch früher sehen darf. Da er jedoch nur Student ist und nur ein kleines Einkommen hat, erhält er von seinen Eltern Geld für den Flug und Unterkunft.

6. Die erste Schwelle: Als er in Spanien ist, kommt er mit sich selbst in Konflikt: Er glaubt, dass er doch die 6 Monate warten hätte sollen, und dass sie ihn aufgrund dieses "Regelbruchs" nicht mehr wiedersehen möchte.

7. Fortschreitende Probleme und Prüfungen: Jan-Olaf möchte sich auf den Heimweg machen und würde das Orangenmädchen am liebsten vergessen. Er trifft sie jedoch auf dem Marktplatz in Sevilla. Sie fragt ihn warum er nicht gewartet hat.

8. Initiation und Transformation des Helden: Die beiden sprechen sich aus. Jan-Olaf erfährt, dass sich die beiden schon seit dem Kindesalter kennen. Er erfährt auch, dass auch Veronika von Anfang an in ihn verliebt war und es sie ihm leicht gemacht hat, damit er sie findet. Letztendlich kommt es zum Kuss: Georg ist überglücklich.

9. Verweigerung der Rückkehr: Jan-Olaf möchte nicht zurück nach Norwegen, da er mit seinem Orangenmädchen noch mehr Zeit verbringen möchte.

10. Verlassen der Unterwelt: Jan-Olaf macht sich auf dem Heimweg. Auf dem Weg zu seinem Bus finden sie jedoch eine tote weiße Taube, was die Beiden als schlechtes Omen in der Zukunft ansehen.

11. Rückkehr: Jan-Olaf geht zurück nach Norwegen, da er studiert. Er akzeptiert, dass er noch 2 Monate warten muss. Er hat nun gelernt "sich zu sehnen" und dass er dem Orangenmädchen vertrauen kann.

12. Herr der Zwei Welten: Nach 2 Monaten kehrt Veronika nach Norwegen zurück und die beiden werden ein glückliches Paar.

Jan-Olaf als Held

Nach dem Lesen des Buches würden wahrscheinlich die meisten behaupten, dass Jan-Olaf nicht wirklich ein Held ist, da er keine herausragende Leistung vollbracht hat. Bei genauerem Betrachten ist er es aber doch. Für seinen Sohn Georg ist er am Ende auf jeden Fall ein Held, weil er seinen verstorbenen Vater neu kennenlernen durfte, und Georg ihm am Ende einen Brief zurückschreibt. Darin sagt er, dass er sich ganz sicher sei, dass er sich für ein Leben auf der Welt entscheiden werde. In seinem Brief an Georg hat Jan-Olaf gefragt, ob er sauer auf ihn ist, weil die Eltern, die gleichzeitig einem Kind das Leben schenken, das Leben auch in irgendeiner Weise auch wieder nehmen. Außerdem ist er für seinen Sohn ein Held, weil er sich auch so sehr für den Weltraum und für das Hubble-Teleskop interessiert hat.

Als Leser kann man in Jan-Olaf einen Helden sehen, weil er trotz der geringen Wahrscheinlichkeit mit dem Orangenmädchen zusammenzukommen (er vergleicht es mit Lotto spielen) nicht aufgibt, alles unternimmt um sie wiederzusehen und seine Versuche letztendlich von Erfolg gekrönt sind. Außerdem schreibt er seinem Sohn eine Geschichte, was natürlich nicht selbstverständlich ist und das macht ihn zu einem besonders liebenswürdigen Vater.

Beispiele an Helden in Kinofilmen

Sicherlich gibt es auch nicht-fiktionale Helden, zum Beispiel die Feuerwehrmänner die am 11. September 2001 ihr Leben aufs Spiel gesetzt haben um anderen zu helfen. Auch kann der eigene Vater ein Held oder Vorbild sein, wie es beim Orangenmädchen der Fall ist. Hier möchte ich jedoch von Autoren erschaffene Helden aufzählen.

Das AFI (American Film Institute) hat im Jahre 2003 eine Liste mit den größten Leinwandhelden veröffentlicht. Auf Platz 3 ist James Bond zu finden[8]. Betrachten wir James Bond näher. Untersucht man ihn auf die Eigenschaften (Kapitel 3) Mut, Klugheit, Intuition, Charisma, Gewandtheit oder Körperkraft, so kommt man zu dem Ergebnis, dass alles auf einen James Bond zutrifft. Er ist mutig, da er kein Abenteuer auslässt, und sich in jede gefährliche Situation begibt. Durch seine Klugheit ist er seinen Gegnern immer überlegen, die meist nur brutal, jedoch nicht bedacht gegen ihn vorgehen. Intuition: Er hat den richtigen „Riecher", vermutet den Bösewicht schon gleich am Anfang der Geschichte, obwohl es noch gar nicht klar ist, wer nun das Verbrechen begangen hat. Durch sein charismatisches Auftreten erlangt er neue Bekanntschaften und Verbündete die ihm helfen, sein Gegner auszuschalten. Durch seine Gewandtheit und Körperkraft ist er in Prügeleien seinen Gegenspielern körperlich überlegen und schaltet seine Gegner, auch wenn sie in der Mehrzahl sind, aus.

Empathie

Der Duden definiert Empathie als „die Bereitschaft und Fähigkeit, sich in die Einstellungen anderer Menschen einzufühlen[9]". Man kann sich in andere Menschen hineinversetzen, die Gedanken und Emotionen eines Menschen begreifen und nachvollziehen. Bei der Archetypenlehre wurde herausgefunden, dass das Urbild des Helds in uns verankert ist, da wir ihn

---

[8] http://www.afi.com/100years/handv.aspx, American Film Institute (30.05.2012)
[9] http://www.duden.de/rechtschreibung/Empathie, Online-Duden (01.06.2012)

nachvollziehen können, benötigen wir also Empathie um einen Helden in einer Person sehen zu können?

Empathie zur Heldenvorstellung?

Die Grundlage der Empathie ist die Identifikation mit Menschen. Die Archetypenlehre besagt, dass wir die archetypische Vorstellung von Helden in uns tragen, da wir selber Nachtmeerfahrten erleben, also das Abenteuer von Helden. Zwar kommt es auf die jeweilige Tagesverfassung des Zuschauers an, ob er nun bereit ist, sich in einen Charakter hineinzuversetzen, vor allem aber hängt es von der persönliche Empathiebereitschaft des jeweiligen Zuschauers ab: Je mehr das Persönlichkeitsprofil der von den Autoren geschaffenen, fiktiven Personen mit dem des Lesers übereinstimmt, desto leichter werden analoge Gefühle hervorgerufen. Das bedeutet: Menschen, die sich mit einem Charakter besser identifizieren können, z.B. kann eine arme Person besser eine ebenfalls arme Person nachvollziehen als z.B. eine Person die im Wohlstand lebt. Das heißt, dass manche eben dadurch eine Person als Held ansehen, weil sie den Charakter nachvollziehen können und manche nicht.[10]

Fazit

Autoren benutzen, je nachdem um welches Genre es sich handelt, verschiedene Möglichkeiten, um einen Charakter zum Helden zu verwandeln. Einerseits können sie auf die archetypische Einstellung, die Vorstellung des Urbilds eines Helden, die die Menschen in sich tragen zurückgreifen. Außerdem geben sie den Charakteren bestimmte Eigenschaften, damit die Figur interessanter und heldenhafter wird, und damit sich der Leser/Seher sich besser mit ihr identifizieren kann. Durch die Empathie kann es für manche Personen leichter sein, jemanden als Helden anzusehen, für manche weniger. Letztendlich entscheidet jeder für sich selbst wer ein Held ist.

---

[10] Nach: http://www.montage-av.de/pdf/121_2003/12_1_Hans_J_Wulff_Empathie_und_Filmverstehen.pdf, Hans J. Wulff (02.06.2012)

Literaturverzeichnis

- http://www.afi.com/100years/handv.aspx
- „Das Orangenmädchen" von Jostein Gaarder
- http://www.chromatrix.com/html/eigenschaften.html
- http://de.wikipedia.org/wiki/Superheld
- http://de.wikipedia.org/wiki/Heldenreise
- http://www.duden.de/rechtschreibung/Empathie,
- http://lexikon.stangl.eu/151/archetypen/
- http://www.montage-av.de/pdf/121_2003/12_1_Hans_J_Wulff_Empathie_und_Filmverstehen.pdf
- http://www.ruedigersuenner.de/drachen.html
- http://www.uni-protokolle.de/Lexikon/Held.html
- Zedler-Lexikon, S. 630 von Johann Zedler